Made in the USA
Monee, IL
15 December 2019

18706950R00056